¿CÓMO NO MORIR de Amor
En Pleno Siglo 21 ?

DESCUBRE LOS SECRETOS PARA AMAR SIN SUFRIR: UNA GUÍA PRÁCTICA PARA ENCONTRAR LA FELICIDAD EN EL AMOR EN LA ERA DIGITAL.

by

EDDY HOWAR LU.

TEMARIO

DEDICATORIA

Este libro esta dedicado a todos ustedes, que han decidido recorrer juntos el camino del amor, merecen todo mi respeto y admiración. Han elegido caminar juntos de la mano, apoyarse mutuamente en los momentos difíciles y celebrar juntos los momentos felices. Han decidido compartir sus vidas, sus sueños y sus anhelos, y eso es algo verdaderamente hermoso.

A cada pareja, sin importar su edad, raza, orientación sexual o religión, quiero decirles que su amor es valioso y digno de celebración. A través de sus relaciones, ustedes han demostrado que el amor verdadero es posible, que el respeto y la comunicación son fundamentales para construir relaciones saludables y duraderas, y que la empatía y la compasión pueden sanar cualquier herida.

No importa si han estado juntos durante años o si acaban de comenzar su relación, cada pareja tiene una historia única y especial que contar. Y es precisamente esa historia lo que hace que su amor sea tan hermoso y valioso. En un mundo que muchas veces parece desprovisto de amor y compasión, ustedes son un rayo de esperanza y una demostración de que el amor verdadero existe.

Así que, a todas las parejas del mundo, quiero decirles que su amor es importante, que es valioso y que es digno de celebración. Les animo a seguir trabajando juntos en su relación, a apoyarse mutuamente y a ser la luz que ilumine el camino de aquellos que aún no han encontrado su amor verdadero.

Con todo mi cariño y respeto,
Eddy

SINOPSIS

En pleno siglo 21, el amor se ha vuelto más complejo que nunca. La forma en que las personas se relacionan ha cambiado significativamente en los últimos años, lo que ha generado nuevos desafíos. Las redes sociales y la tecnología han transformado la forma en que nos conectamos y comunicamos con nuestros seres queridos. Las expectativas culturales y de género también han evolucionado, y las relaciones amorosas pueden ser más diversas que nunca. Es importante aprender a sobrevivir en el amor en pleno siglo 21 para poder navegar estos desafíos y construir relaciones amorosas saludables y satisfactorias.

Además, las relaciones amorosas pueden tener un impacto significativo en nuestra salud mental y emocional. Las rupturas y los desamores pueden afectar nuestra autoestima y bienestar en general. Por otro lado, las relaciones saludables pueden proporcionar un apoyo emocional valioso y ayudarnos a desarrollar un sentido de pertenencia y conexión con los demás.

En el mundo actual, también es común sentir una presión constante para ser exitosos y productivos en todas las áreas de nuestra vida. Esto puede afectar nuestras relaciones amorosas, ya que puede ser difícil encontrar el tiempo y la energía para dedicarles la atención y el cuidado que merecen. Por lo tanto, aprender a sobrevivir en el amor en pleno siglo 21 implica aprender a equilibrar nuestras prioridades y establecer límites saludables para poder construir relaciones amorosas que sean duraderas y satisfactorias.

PROLOGO

En la actualidad, el amor se ha vuelto más complejo que nunca. Las nuevas formas de comunicación y el cambio en las expectativas culturales y de género han transformado la forma en que nos relacionamos con nuestros seres queridos. Es por eso que aprender a sobrevivir en el amor en pleno siglo 21 se ha vuelto crucial para poder construir relaciones amorosas saludables y satisfactorias. En este prologo, exploraremos varios temas que nos ayudarán a entender cómo la tecnología, las diferencias culturales y las expectativas de género, entre otros, afectan nuestras relaciones amorosas. Además, descubriremos técnicas para mejorar la comunicación, manejar nuestras emociones y reconocer y evitar relaciones tóxicas. Finalmente, también abordaremos la importancia del autocuidado y la autoestima en el contexto de una relación amorosa, así como el perdón, la sexualidad y la construcción de relaciones amorosas a largo plazo. En resumen, este libro es una guía práctica para aprender a sobrevivir y prosperar en el amor en pleno siglo 21.

¿POR QUÉ ES IMPORTANTE APRENDER A SOBREVIVIR EN EL AMOR EN PLENO SIGLO 21?

El amor siempre ha sido una montaña rusa emocional. El corazón late más fuerte, las mariposas revolotean en el estómago y la felicidad nos envuelve en un abrazo cálido y reconfortante.

Pero también hay dolor, desilusión y miedo. Las relaciones amorosas nos obligan a ser vulnerables, a confiar en alguien más y a arriesgar todo lo que somos y queremos ser.

En la era de la tecnología y las redes sociales, estos desafíos se vuelven aún más complejos. Las aplicaciones de citas nos permiten conocer a muchas personas diferentes en poco tiempo, pero también pueden llevarnos a sentirnos deshumanizados y descartables. Las redes sociales nos dan acceso a información y personas de todo el mundo, pero también pueden alimentar la comparación y la inseguridad.

Aprender a sobrevivir en el amor en pleno siglo 21 es más importante que nunca. Significa desarrollar habilidades emocionales y comunicativas que nos permitan sortear los desafíos que se nos presentan, así como tener una sólida comprensión de nuestras propias necesidades y límites. Significa encontrar formas de mantener nuestra independencia emocional y nuestra autoestima saludable, incluso cuando estamos enamorados.

El camino hacia el amor en 2023 puede ser difícil, pero también es emocionante y lleno de posibilidades. Es un viaje de autodescubrimiento, crecimiento y transformación, donde podemos aprender a amarnos a nosotros mismos y a los demás de una manera más completa y auténtica.

Así que, si estás listo para emprender este viaje con nosotros, si estás dispuesto a arriesgarte y aprender a sobrevivir en el amor en pleno siglo 21, entonces acompáñanos. Este libro es un mapa para navegar las complejidades del amor en la era moderna y salir victorioso. ¿Estás listo para el desafío?

EL AMOR EN LA ERA DIGITAL: CÓMO LAS REDES SOCIALES Y LA TECNOLOGÍA AFECTAN A NUESTRAS RELACIONES AMOROSAS.

En la era digital en la que vivimos, la tecnología está en todas partes y ha cambiado radicalmente la forma en que nos relacionamos con los demás. Las redes sociales, las aplicaciones de citas, los mensajes de texto y las video llamadas nos ofrecen una ventana sin precedentes a personas de todo el mundo, pero también nos plantean expectativas poco realistas sobre cómo deberían ser nuestras relaciones amorosas.

Por un lado, las redes sociales pueden ser una herramienta increíblemente útil para conectarnos con nuestros seres queridos y mantenernos en contacto con ellos a pesar de la distancia. Sin embargo, también pueden ser una fuente constante de estrés y ansiedad. Al compararnos constantemente con los demás, podemos experimentar una disminución de la autoestima y afectar nuestras relaciones con otros. Además, la falta de privacidad en las redes sociales puede generar desconfianza y celos en las relaciones amorosas.

Por otro lado, las aplicaciones de citas han transformado la forma en que conocemos a posibles parejas. Si bien estas aplicaciones pueden ser una forma eficiente de conocer gente nueva, también pueden ser una fuente de relaciones superficiales y poco comprometidas. A menudo nos encontramos examinando fotos y perfiles, evaluando a las personas como si fueran productos en una tienda. Esto puede llevarnos a perder de vista el verdadero valor de una relación y a descartar a las personas que podrían ser verdaderamente significativas para nosotros.

Pero a pesar de todos los desafíos que enfrentamos en el amor en la era digital, hay esperanza. Al final del día, nuestras relaciones amorosas dependen de la conexión humana y la empatía, cosas que ninguna cantidad de tecnología puede reemplazar. Es importante ser honestos y abiertos en nuestras relaciones, establecer límites saludables y comunicarnos de manera efectiva. Debemos priorizar la conexión y el compromiso mutuo sobre todo lo demás.

Así que, si buscas sobrevivir en el amor en pleno siglo 21, recuerda que la tecnología no lo es todo. Las redes sociales y las aplicaciones de citas pueden ser una parte importante de tu vida amorosa, pero no son la única forma de encontrar el amor y la conexión significativa que deseas. Al final del día, lo que realmente importa es la conexión humana auténtica y significativa que podemos construir con nuestras parejas.

EL PAPEL DE LA COMUNICACIÓN EN EL AMOR CONSEJOS PARA MEJORAR LA COMUNICACIÓN CON NUESTRA PAREJA.

El papel de la comunicación en el amor es un tema de vital importancia para cualquier pareja que desee tener una relación sana y duradera. Y es que la comunicación es la clave para comprender las necesidades, deseos y sentimientos de nuestra pareja, así como para expresar los nuestros de manera clara y efectiva. En este sentido, existen numerosos consejos que pueden ayudarnos a mejorar nuestra comunicación con la persona amada.

Pero, ¿qué pasa cuando la comunicación falla? ¿Cómo podemos solucionar los malentendidos y las disputas que a veces surgen en las relaciones de pareja? La respuesta está en la empatía y la comprensión, dos habilidades que pueden ser difíciles de cultivar pero que son fundamentales para el éxito de cualquier relación amorosa.

En mi experiencia como terapeuta de parejas, he visto cómo la falta de comunicación puede llevar a relaciones tóxicas y dolorosas. Pero también he sido testigo de cómo la comunicación abierta y honesta puede transformar una relación problemática en una de amor y felicidad duradera.

Por eso, te animo a que pongas en práctica los consejos que he compartido contigo en este capítulo, para que puedas mejorar tu comunicación con tu pareja y disfrutar de una relación más plena y satisfactoria. Recuerda que la comunicación no solo se trata de hablar, sino también de escuchar y comprender. Escucha con atención los deseos y necesidades de tu pareja, y exprésate con sinceridad y empatía.

Y si alguna vez te encuentras en una situación difícil, recuerda que siempre puedes buscar ayuda de un terapeuta de parejas. No hay nada de malo en pedir ayuda cuando la necesitamos, y a veces, una perspectiva externa puede ser justo lo que necesitamos para resolver nuestros problemas y fortalecer nuestra relación.

Así que, adelante, pon en práctica estos consejos y verás cómo tu relación con tu pareja florece y crece en amor y felicidad. La comunicación es la clave, ¡así que comienza a hablar y a escuchar con el corazón!

MANEJO DE LAS EMOCIONES: CÓMO RECONOCER, ENTENDER Y MANEJAR LAS EMOCIONES QUE SURGEN EN EL AMOR.

El manejo de las emociones es un tema fundamental para cualquier persona que desee tener relaciones amorosas saludables y duraderas. En el amor, las emociones son como olas que van y vienen, a veces tranquilas y otras veces tumultuosas. Y si no sabemos cómo reconocer, entender y manejar estas emociones, podemos perdernos en el mar de nuestros sentimientos y ahogarnos en el dolor y la confusión.

En este capítulo, te voy a compartir algunos consejos para ayudarte a manejar las emociones que surgen en el amor. Pero antes, permíteme decirte que es normal sentir miedo, tristeza, celos o enojo en las relaciones amorosas. Todas estas emociones son parte del viaje y pueden ser una oportunidad para crecer y fortalecernos como individuos y como pareja.

Sin embargo, lo importante es aprender a manejar estas emociones de manera saludable y constructiva. Una de las claves para lograrlo es el autoconocimiento. Conocer nuestras propias emociones, reconocer cómo nos afectan y por qué surgen, es el primer paso para poder manejarlas de manera efectiva.

Otra clave importante es la comunicación. A veces, nuestras emociones nos impiden expresarnos de manera clara y efectiva, lo que puede generar malentendidos y conflictos en la pareja. Por eso, es importante aprender a comunicarnos de manera abierta y honesta, y a escuchar con empatía las emociones de nuestra pareja.

Pero, ¿qué pasa cuando las emociones nos abruman y no sabemos qué hacer? En estos casos, es importante recordar que siempre podemos buscar ayuda. Ya sea a través de amigos, familiares o profesionales de la salud mental, pedir ayuda no es una debilidad, sino una muestra de fortaleza y valentía.

Así que, si estás luchando por manejar tus emociones en una relación amorosa, no te desanimes. Recuerda que el proceso de aprendizaje lleva tiempo, pero con práctica y paciencia, puedes desarrollar habilidades sólidas para manejar tus emociones de manera efectiva y fortalecer tu conexión con tu pareja. Al final del día, el amor verdadero se trata de crecer y aprender juntos, y el manejo de las emociones es una parte esencial de ese proceso.

EL PODER DE LA AUTOESTIMA: CÓMO DESARROLLAR UNA AUTOESTIMA SANA Y EQUILIBRADA PARA EVITAR CAER EN RELACIONES TÓXICAS.

La autoestima es la valoración que tenemos de nosotros mismos y es un aspecto fundamental para nuestra felicidad y bienestar emocional. Una autoestima sana y equilibrada nos permite sentirnos seguros de nosotros mismos, capaces de tomar decisiones y enfrentar los desafíos de la vida. Pero, ¿cómo podemos desarrollar una autoestima sana y evitar caer en relaciones tóxicas?

En este capítulo, te voy a compartir algunas claves para desarrollar una autoestima sana y equilibrada. Pero antes, permíteme decirte que todas las personas, en mayor o menor medida, hemos experimentado momentos de baja autoestima en nuestras vidas. Es normal sentirnos inseguros o poco valiosos en algún momento, pero lo importante es trabajar para superar estas emociones y desarrollar una autoestima sana y duradera.

Una de las claves para desarrollar una autoestima sana es aprender a aceptarnos y amarnos tal como somos. La auto aceptación no significa conformarse con nuestras debilidades, sino aceptar que somos seres humanos imperfectos y que siempre hay espacio para mejorar. Cuando aprendemos a amarnos a nosotros mismos, nos damos el permiso de ser felices y no necesitamos depender de las opiniones o aprobación de los demás para sentirnos bien.

Otra clave importante es aprender a poner límites saludables. Cuando tenemos una autoestima baja, tendemos a permitir que los demás nos traten mal o nos hagan sentir inferiores. Pero cuando desarrollamos una autoestima sana, aprendemos a poner límites claros y a decir "no" cuando algo no nos conviene. Esto nos permite tener relaciones más saludables y evitar caer en relaciones tóxicas o abusivas.

Por último, es importante aprender a reconocer y enfrentar nuestros miedos y limitaciones. A veces, nuestros miedos nos impiden avanzar y desarrollarnos como personas, lo que puede afectar nuestra autoestima. Pero cuando aprendemos a enfrentar nuestros miedos y a superar nuestras limitaciones, nos damos cuenta de que somos capaces de lograr grandes cosas y esto nos ayuda a sentirnos más seguros y valiosos.

En resumen, el poder de la autoestima es inmenso y puede ser la clave para evitar caer en relaciones tóxicas y encontrar la felicidad y el bienestar emocional. Si aprendemos a aceptarnos y amarnos a nosotros mismos, a poner límites saludables y a enfrentar nuestros miedos, podemos desarrollar una autoestima sana y equilibrada que nos permita tener relaciones amorosas y personales más saludables y satisfactorias.

¡No te rindas, sigue adelante y recuerda que eres valioso y mereces ser feliz!

IDENTIFICACIÓN DE RELACIONES TÓXICAS: CÓMO IDENTIFICAR Y EVITAR RELACIONES TÓXICAS QUE PUEDEN PONER EN PELIGRO NUESTRA SALUD MENTAL Y EMOCIONAL.

Las relaciones amorosas pueden ser un camino hacia la felicidad y el crecimiento personal, pero también pueden convertirse en un laberinto oscuro de emociones negativas y dolor si caemos en relaciones tóxicas. Las relaciones tóxicas pueden ser difíciles de detectar al principio, pero a medida que la relación avanza, los patrones de comportamiento tóxicos se vuelven más evidentes y peligrosos para nuestra salud mental y emocional.

Para identificar y evitar relaciones tóxicas, es esencial prestar atención a nuestras emociones y sentimientos. Cuando algo no nos parece correcto o nos sentimos incómodos en una relación, es importante escuchar a nuestro instinto y no ignorar o minimizar nuestros sentimientos. Nuestras emociones son una brújula interna que nos guía en la dirección correcta, y cuando las ignoramos, perdemos nuestra conexión con nosotros mismos y nos volvemos más vulnerables a caer en relaciones tóxicas.

Además, es importante establecer límites claros y comunicar nuestras necesidades de manera efectiva en una relación. Cuando estamos en una relación tóxica, tendemos a sacrificar nuestra propia felicidad y bienestar por el bien de la relación, pero esto solo puede empeorar la situación y dañar nuestra salud mental y emocional. Aprender a poner límites saludables y a comunicar nuestras necesidades de manera efectiva puede ayudarnos a evitar caer en relaciones tóxicas y mantener nuestra autoestima y autoconfianza intactas.

También es esencial tener un grupo de apoyo emocional en quienes confiar durante estos momentos difíciles. A veces, cuando estamos en una relación tóxica, puede ser difícil ver la situación de manera clara y objetiva. Tener amigos y familiares a quienes acudir en busca de consejo y apoyo emocional puede ayudarnos a ver la situación desde una perspectiva más saludable y tomar decisiones más acertadas para nuestra vida.

En conclusión, identificar y evitar relaciones tóxicas es una parte importante de mantener nuestra salud mental y emocional. Al prestar atención a nuestras emociones, establecer límites saludables y buscar apoyo emocional, podemos evitar caer en

relaciones tóxicas y encontrar la felicidad y el bienestar que merecemos. Si alguna vez te encuentras en una relación tóxica, recuerda que mereces ser amado y respetado de manera saludable y equilibrada, y que siempre hay una salida hacia una vida más saludable y plena.

LA IMPORTANCIA DEL AUTOCUIDADO: CÓMO MANTENER NUESTRO BIENESTAR FÍSICO Y EMOCIONAL EN EL CONTEXTO DE UNA RELACIÓN AMOROSA.

El amor puede ser un camino hacia la felicidad y el crecimiento personal, pero también puede ser una fuente de estrés y ansiedad si no se maneja adecuadamente. En el contexto de una relación amorosa, es fácil perderse en las necesidades y deseos de nuestra pareja, y olvidar la importancia del autocuidado.

El autocuidado es una parte esencial de mantener nuestro bienestar físico y emocional en una relación amorosa. Implica tomarse el tiempo para cuidar de uno mismo, tanto física como emocionalmente, y establecer límites saludables para mantener la armonía en la relación. Sin embargo, a menudo puede ser difícil encontrar el equilibrio adecuado entre cuidar de nosotros mismos y cuidar de nuestra pareja.

Una forma de mantener el equilibrio adecuado es a través de la comunicación efectiva. Comunicarse abiertamente y honestamente con nuestra pareja puede ayudarnos a establecer límites saludables y hacerles saber cuándo necesitamos tiempo para cuidarnos a nosotros mismos. También puede ayudarnos a encontrar maneras de apoyarnos mutuamente en nuestros esfuerzos de autocuidado.

Además, es importante dedicar tiempo a actividades que nos hagan sentir bien y que nos ayuden a mantener nuestro bienestar físico y emocional. Esto puede incluir hacer ejercicio, comer alimentos saludables, meditar o simplemente pasar tiempo haciendo cosas que nos gusten.

Otra forma de fomentar el autocuidado es aprender a decir "no" cuando es necesario. A veces, podemos sentirnos presionados para complacer a nuestra pareja o cumplir con sus expectativas, incluso si eso significa sacrificar nuestro bienestar físico y emocional. Aprender a decir "no" de manera efectiva puede ayudarnos a establecer límites saludables y mantener nuestro bienestar.

Es importante recordar que el autocuidado no solo se trata de cuidar nuestro cuerpo físico, sino también nuestra salud emocional. Esto significa aprender a reconocer y manejar nuestras emociones de manera saludable. A veces, en el contexto de una relación amorosa, podemos sentirnos abrumados por emociones negativas como el miedo, la ira o la tristeza. Aprender a manejar estas emociones de manera efectiva puede ayudarnos a mantener nuestro bienestar emocional y mejorar la calidad de nuestras relaciones.

Además, es importante reconocer la importancia de establecer límites saludables en una relación. Establecer límites saludables significa reconocer y comunicar nuestras necesidades y deseos en una relación, y respetar los límites de nuestra pareja. Esto puede ayudarnos a mantener la armonía en la relación y evitar conflictos y estrés innecesarios.

Otro aspecto importante del autocuidado es aprender a perdonar a nuestra pareja y a nosotros mismos cuando cometemos errores. A veces, podemos sentirnos tentados a culpar a nuestra pareja por nuestros problemas en la relación, o podemos ser demasiado duros con nosotros mismos cuando cometemos errores. Aprender a perdonar y liberar el resentimiento puede ayudarnos a mantener nuestra salud emocional y mejorar la calidad de nuestras relaciones.

En conclusión, la importancia del autocuidado en el contexto de una relación amorosa no puede ser subestimada. Al establecer límites saludables, comunicarse efectivamente, dedicar tiempo a actividades que nos hagan sentir bien y aprender a manejar nuestras emociones de manera saludable, podemos mantener nuestro bien.

TÉCNICAS DE RESOLUCIÓN DE CONFLICTOS:
CÓMO RESOLVER CONFLICTOS EN LA RELACIÓN DE
MANERA EFECTIVA Y PACÍFICA.

La vida en pareja no siempre es fácil, y la resolución de conflictos es uno de los mayores desafíos que pueden surgir. Cada persona es única, con su propio conjunto de valores, necesidades y deseos, y cuando estas diferencias no se abordan adecuadamente, pueden causar tensiones en la relación. En este capítulo, exploraremos algunas técnicas efectivas para resolver conflictos en la relación de manera pacífica y constructiva.

En primer lugar, es importante reconocer que todos los conflictos son diferentes y requieren diferentes enfoques. Sin embargo, hay algunas técnicas generales que pueden ayudar a resolver conflictos de manera efectiva. Una de ellas es la comunicación efectiva, que implica escuchar activamente a la otra persona, hablar con claridad y expresar tus sentimientos de manera respetuosa. También es importante tratar de entender el punto de vista de la otra persona, incluso si no estás de acuerdo con él.

Otra técnica útil es la negociación, que implica encontrar un compromiso que sea satisfactorio para ambas partes. Esto requiere un enfoque colaborativo, donde ambas partes trabajan juntas para encontrar una solución que satisfaga sus necesidades y deseos. También es importante tener en cuenta los intereses y preocupaciones de la otra persona, y no simplemente buscar una solución que beneficie únicamente a uno mismo.

En algunos casos, puede ser útil recurrir a un mediador o terapeuta para ayudar a resolver el conflicto. Un mediador es una persona neutral que puede ayudar a ambas partes a llegar a un acuerdo, mientras que un terapeuta puede ayudar a las parejas a mejorar su comunicación y a entender mejor sus necesidades y deseos.

Otra técnica efectiva es el compromiso, que implica ceder un poco para llegar a una solución que sea aceptable para ambas partes. Esto puede significar que ambas partes renuncien a algo para llegar a un acuerdo que satisfaga sus necesidades.

Es importante recordar que resolver conflictos de manera efectiva no siempre significa que se llegue a una solución perfecta. En algunos casos, puede ser necesario aceptar que no hay una solución perfecta y encontrar una manera de seguir adelante sin resolver completamente el conflicto.

Por último, es importante recordar que la resolución de conflictos es un proceso continuo y que requiere esfuerzo y compromiso de ambas partes. No siempre será fácil, pero si ambas partes están dispuestas a trabajar juntas para encontrar una solución, pueden superar cualquier obstáculo.

En conclusión, las técnicas de resolución de conflictos son esenciales para mantener una relación amorosa saludable y feliz. La comunicación efectiva, la negociación, el compromiso y la ayuda de un mediador o terapeuta pueden ayudar a las parejas a superar cualquier obstáculo y fortalecer su relación. Es importante recordar que la resolución de conflictos es un proceso continuo, pero si ambas partes están comprometidas a trabajar juntas, pueden superar cualquier desafío y mantener una relación amorosa saludable y duradera.

LOS ROLES DE GÉNERO EN EL AMOR: CÓMO LAS EXPECTATIVAS DE GÉNERO PUEDEN AFECTAR NUESTRAS RELACIONES Y CÓMO PODEMOS DESAFIARLAS PARA CREAR RELACIONES MÁS EQUITATIVAS.

El amor es uno de los temas más complejos y fascinantes de la vida humana. Muchas veces, nuestras expectativas sobre el amor y las relaciones están influenciadas por los roles de género que nos han sido impuestos desde la infancia. Estos roles nos dicen cómo deberíamos comportarnos y qué se espera de nosotros según nuestro género. Sin embargo, estas expectativas pueden tener un impacto negativo en nuestras relaciones si no las cuestionamos y desafiamos.

En las relaciones heterosexuales, por ejemplo, a menudo se espera que el hombre sea el proveedor y la mujer sea la cuidadora. Estos roles de género pueden ser cómodos y reconfortantes para algunas personas, pero también pueden ser limitantes y opresivos para otras. Si una mujer quiere ser la proveedora y el hombre quiere ser el cuidador, estos roles de género pueden crear conflictos y desequilibrios en la relación.

Además, las expectativas de género también pueden influir en la forma en que expresamos nuestras emociones y sentimientos. A menudo se espera que las mujeres sean más emocionales y expresivas, mientras que los hombres deben ser más reservados y controlados. Esto puede llevar a una falta de comunicación y comprensión en la relación, ya que las personas no se sienten libres de expresarse plenamente.

Es importante cuestionar y desafiar estas expectativas de género en nuestras relaciones para crear relaciones más equitativas y saludables. Esto puede significar cuestionar nuestras propias ideas y prejuicios sobre los roles de género y trabajar en conjunto para crear una relación basada en la igualdad y el respeto mutuo. También puede significar buscar modelos de relaciones que desafíen las expectativas de género tradicionales y fomenten una mayor libertad y flexibilidad en la forma en que vivimos nuestras relaciones.

Al final, el amor y las relaciones son un terreno complejo y fascinante en el que todos estamos aprendiendo y creciendo constantemente. Desafiar las expectativas de género puede ser un camino difícil y desafiante, pero también puede llevar a relaciones más profundas, satisfactorias y auténticas. Si estamos dispuestos a hacer el trabajo, podemos crear relaciones que nos permitan ser completamente nosotros mismos, libres de las limitaciones de género y llenos de amor y comprensión.

EL IMPACTO DEL TRAUMA EN LAS RELACIONES AMOROSAS: CÓMO EL TRAUMA PASADO PUEDE AFECTAR NUESTRA CAPACIDAD PARA AMAR Y CÓMO PODEMOS SANAR Y CONSTRUIR RELACIONES SALUDABLES.

El amor es uno de los sentimientos más poderosos y profundos que un ser humano puede experimentar. Pero, ¿qué sucede cuando el trauma pasado interfiere en nuestra capacidad de amar y de tener relaciones saludables? Desafortunadamente, es un tema que muchas personas tienen que enfrentar, y que a menudo se queda sin explorar en nuestras conversaciones cotidianas sobre el amor.

El trauma es un evento o serie de eventos que son experiencias dolorosas, aterradoras o abrumadoras que una persona puede haber experimentado en el pasado. Puede ser causado por eventos como abuso, violencia, abandono, pérdida o cualquier otra situación traumática. Cuando una persona ha experimentado un trauma, es común que tenga dificultades para confiar, conectarse emocionalmente y establecer relaciones saludables.

El trauma puede tener un impacto negativo en nuestra capacidad para amar y ser amados. Puede llevar a comportamientos autodestructivos, evitar la intimidad emocional, retraimiento emocional, celos, desconfianza, ira, depresión y ansiedad. Además, también puede afectar nuestra elección de parejas y nuestra capacidad para mantener relaciones saludables a largo plazo.

Es importante reconocer que el trauma puede tener un impacto significativo en nuestra capacidad para amar y que buscar ayuda para sanar puede ser el primer paso para construir relaciones saludables. La terapia puede ser un recurso invaluable para aquellos que han experimentado trauma y pueden ayudar a identificar y superar los patrones de comportamiento negativos.

Además, construir relaciones saludables después de una experiencia traumática puede requerir tiempo, paciencia y compromiso. Es importante tomar las cosas con calma, establecer límites claros y tener una comunicación abierta y honesta con nuestra pareja. También es esencial trabajar en la construcción de una base de confianza y seguridad para la relación.

En última instancia, el camino hacia la sanación y la construcción de relaciones saludables después de una experiencia traumática puede ser difícil, pero es posible. La clave es buscar ayuda, ser honesto y comprometerse con el proceso de sanación. Al hacerlo, podemos abrirnos a la posibilidad de amar y ser amados en una forma más completa y significativa.

LAS DIFERENCIAS CULTURALES EN EL AMOR: CÓMO LAS DIFERENCIAS CULTURALES PUEDEN AFECTAR NUESTRAS EXPECTATIVAS Y COMPORTAMIENTOS EN LAS RELACIONES AMOROSAS Y CÓMO PODEMOS APRENDER A ENTENDER Y RESPETAR LAS DIFERENCIAS CULTURALES.

Cuando se trata de amor, es fácil creer que nuestras experiencias son universales, pero la verdad es que las diferencias culturales pueden tener un impacto profundo en cómo entendemos y experimentamos el amor. Las expectativas culturales en torno al amor y las relaciones pueden variar ampliamente según el país, la religión, la etnia o la clase social. Esto puede llevar a malentendidos y conflictos en las relaciones amorosas, especialmente cuando las parejas provienen de diferentes culturas.

Por ejemplo, en algunas culturas, el matrimonio arreglado es la norma, mientras que, en otras, se valora la elección individual y la libertad para elegir a tu pareja. Las expectativas culturales también pueden influir en cómo se expresan los sentimientos, cómo se resuelven los conflictos y cómo se comparten las responsabilidades en una relación. Estas diferencias pueden parecer pequeñas, pero a menudo tienen un impacto significativo en la felicidad y el éxito de una relación.

Sin embargo, aprender a entender y respetar las diferencias culturales también puede ser una oportunidad para enriquecer nuestras relaciones amorosas y para crecer como personas. Al aprender sobre las costumbres, tradiciones y valores de la cultura de nuestra pareja, podemos encontrar nuevas formas de expresar amor y crear una relación más significativa y equilibrada.

Pero también es importante tener en cuenta que no todas las diferencias culturales son saludables o justas. Algunas culturas pueden tener expectativas de género rígidas que limitan la libertad y la capacidad de elección de las personas en las relaciones amorosas. Es importante cuestionar estas expectativas y trabajar juntos para crear relaciones más equitativas y justas.

En última instancia, las diferencias culturales en el amor pueden ser desafiantes, pero también pueden ser una oportunidad para crecer y aprender. Al aprender a entender y respetar las diferencias culturales, podemos construir relaciones amorosas más ricas y significativas, y trabajar juntos para crear un mundo más tolerante y compasivo.

EL AMOR PROPIO Y LA AUTOCOMPASIÓN: CÓMO CULTIVAR EL AMOR PROPIO Y LA AUTOCOMPASIÓN PARA MEJORAR NUESTRAS RELACIONES AMOROSAS Y NUESTRA RELACIÓN CON NOSOTROS MISMOS.

El amor propio y la autocompasión son conceptos esenciales para construir relaciones saludables y duraderas. Sin embargo, a menudo nos enfocamos en cuidar y amar a los demás antes que a nosotros mismos. En lugar de cultivar nuestra propia felicidad y bienestar, buscamos la validación y el amor de los demás, lo que puede ser agotador y, en última instancia, insatisfactorio.

La falta de amor propio y autocompasión puede llevar a una serie de problemas en las relaciones amorosas, desde la dependencia emocional hasta el abuso emocional. Cuando no nos amamos a nosotros mismos, buscamos constantemente la validación de nuestra pareja, lo que puede llevar a la necesidad de control y celos. Por otro lado, cuando no somos compasivos con nosotros mismos, podemos permitir que otros nos traten mal, lo que a menudo se manifiesta en relaciones tóxicas y abusivas.

Entonces, ¿cómo podemos cultivar el amor propio y la autocompasión en nuestras relaciones amorosas? La respuesta es simple, pero a menudo difícil de implementar: debemos aprender a poner nuestras propias necesidades y bienestar en primer lugar. Esto puede incluir cosas como establecer límites saludables en nuestras relaciones, tomar tiempo para nosotros mismos y nuestras propias actividades, y aprender a reconocer y aceptar nuestras propias emociones y necesidades.

A medida que aprendemos a amarnos y cuidarnos a nosotros mismos, también podemos mejorar nuestras relaciones amorosas. Al tener una base sólida de amor propio y autocompasión, podemos establecer relaciones más saludables y equitativas. Podemos comunicarnos de manera más clara y efectiva con nuestras parejas y reconocer cuando necesitamos pedir ayuda o apoyo.

En última instancia, cultivar el amor propio y la autocompasión no solo mejora nuestras relaciones amorosas, sino también nuestra relación con nosotros mismos. Aprendemos a tratarnos a nosotros mismos con la misma amabilidad y compasión que le damos a los demás, lo que nos permite sentirnos más felices y satisfechos en nuestras vidas en general. Es un proceso difícil, pero vale la pena, ya que nos permite construir relaciones más saludables y significativas con los demás y con nosotros mismos.

LA MONOGAMIA Y LAS RELACIONES NO MONÓGAMAS: CÓMO EXPLORAR DIFERENTES FORMAS DE AMAR Y CÓMO ESTABLECER ACUERDOS Y LÍMITES EN DIFERENTES TIPOS DE RELACIONES AMOROSAS.

Cuando se trata de relaciones amorosas, la sociedad tiende a enfatizar la monogamia como la única opción válida. Sin embargo, cada vez más personas están desafiando esta norma y explorando diferentes formas de amar. Las relaciones no monógamas, por ejemplo, han ganado terreno en los últimos años y se han convertido en una opción más aceptada y viable.

Aunque las relaciones no monógamas pueden parecer amenazantes o poco convencionales para algunos, para otros pueden ser una forma de explorar su sexualidad, aprender a comunicarse de manera más efectiva y establecer límites saludables. En las relaciones no monógamas, la comunicación y la transparencia son esenciales, ya que las parejas deben tener conversaciones abiertas y honestas sobre sus deseos, necesidades y límites.

Pero incluso en las relaciones monógamas, es importante establecer acuerdos y límites claros. La monogamia no es una solución mágica para los problemas de la relación, y puede haber momentos en que los límites se sientan restrictivos o insuficientes. En esos momentos, es importante tener una comunicación abierta y honesta para explorar si otras opciones, como una relación no monógama, pueden ser adecuadas.

Al final, lo más importante en cualquier relación es la honestidad y la comunicación. Ya sea que elijas una relación monógama o no monógama, lo importante es estar en sintonía

con tus necesidades y deseos, y ser claro y respetuoso con tu pareja. Al tener una comunicación abierta y honesta, puedes crear relaciones saludables y satisfactorias, independientemente de las expectativas culturales.

LA IMPORTANCIA DEL PERDÓN EN EL AMOR: CÓMO EL PERDÓN PUEDE AYUDAR A SANAR Y FORTALECER LAS RELACIONES AMOROSAS Y CÓMO PODEMOS APRENDER A PERDONAR A NOSOTROS MISMOS Y A NUESTRAS PAREJAS.

En las relaciones amorosas, es común que surjan situaciones difíciles o desafiantes que pueden lastimar y herir a las personas involucradas. En esos momentos, el perdón se convierte en un factor crucial para sanar y fortalecer la relación. Sin embargo, muchas veces puede ser difícil perdonar y dejar ir el dolor y la frustración que se siente.

Perdonar no es fácil, pero es necesario si queremos construir relaciones amorosas saludables y duraderas. El perdón no significa olvidar lo que ha pasado, sino más bien liberarnos del dolor y la ira que nos impiden avanzar. Perdonar no es hacer una excepción o justificar el comportamiento dañino, sino más bien permitirnos dejar de lado el pasado y enfocarnos en el presente y en el futuro de nuestra relación.

A veces puede ser más difícil perdonarnos a nosotros mismos que a nuestra pareja. Nos culpáramos por lo que ha pasado y sentimos que no merecemos el amor y la felicidad. Sin embargo, es importante recordar que todos cometemos errores y que el perdón también se aplica a nosotros mismos. Aprender a perdonarnos y ser compasivos con nosotros mismos es clave para construir una relación amorosa sana y duradera.

Además, el perdón también nos ayuda a comprender mejor a nuestra pareja y a ser más empáticos con sus sentimientos. Es fácil caer en la tentación de culpar y juzgar a nuestra pareja por sus errores, pero es importante recordar que todos somos humanos y cometemos errores. Al perdonar a nuestra pareja, podemos ayudar a crear un espacio seguro donde ambos se sientan cómodos para expresar sus emociones y trabajar juntos para solucionar los problemas.

Por supuesto, el perdón no es un proceso rápido o fácil. A veces lleva tiempo y esfuerzo para superar los sentimientos de dolor y resentimiento. Pero si podemos comprometernos a trabajar juntos y ser pacientes y compasivos con nosotros mismos y con nuestra pareja, podemos construir relaciones amorosas más fuertes y significativas.

En conclusión, el perdón es un acto de amor y compasión que puede ayudar a transformar nuestras relaciones amorosas. Al perdonar y dejar ir el pasado, podemos crear un futuro más brillante y esperanzador para nuestra relación.

LA PLANIFICACIÓN DEL FUTURO EN EL AMOR: CÓMO ESTABLECER OBJETIVOS Y METAS COMPARTIDAS EN LA RELACIÓN Y CÓMO ABORDAR TEMAS COMO EL MATRIMONIO, LA CONVIVENCIA Y LA FAMILIA.

El amor es una montaña rusa emocional, y a menudo puede ser difícil de navegar. Una de las partes más desafiantes de cualquier relación amorosa es planificar el futuro juntos. La planificación del futuro en el amor implica establecer objetivos y metas compartidas en la relación y abordar temas importantes como el matrimonio, la convivencia y la familia. Estos temas pueden ser emocionales y estresantes, pero son necesarios para crear una relación saludable y duradera.

Es importante que ambos miembros de la pareja estén en la misma página cuando se trata de planificar el futuro juntos. Esto significa que deben tener discusiones abiertas y honestas sobre sus objetivos y lo que esperan de la relación. Es fundamental tener en cuenta que estos objetivos pueden cambiar con el tiempo y que ambos deben estar dispuestos a ajustarlos y adaptarlos a medida que avanza la relación.

El matrimonio es a menudo un tema delicado cuando se trata de planificación del futuro en una relación amorosa. Es importante que ambas partes estén en sintonía en cuanto a si desean casarse o no. Si bien el matrimonio puede ser importante para algunas personas, para otras puede no serlo. En última instancia, lo que importa es que ambos estén de acuerdo y se sientan cómodos con la decisión.

La convivencia es otro tema importante cuando se trata de planificar el futuro en el amor. Decidir si vivir juntos antes o después del matrimonio puede ser un tema delicado. Es importante discutir los pros y los contras de la convivencia y asegurarse de que ambos estén en la misma página antes de tomar una decisión.

La familia también es un tema importante a considerar en la planificación del futuro en el amor. Si bien puede ser emocionante hablar sobre la posibilidad de tener hijos juntos, también es importante discutir si ambos quieren tener hijos y cuántos. También es importante discutir cómo se dividirán las responsabilidades de la crianza y cómo se abordarán los desafíos que puedan surgir.

En última instancia, la planificación del futuro en el amor requiere una comunicación abierta y honesta. Es importante que ambos miembros de la pareja se sientan escuchados y respetados y que puedan hablar abiertamente sobre sus metas y expectativas. Si bien puede ser difícil, la planificación del futuro en el amor puede ayudar a fortalecer la relación y a garantizar que ambos estén en la misma página. Al final, lo que importa es que ambos trabajen juntos para crear un futuro que los haga felices y los haga sentir amados y valorados.

LA SEXUALIDAD EN EL AMOR: CÓMO COMUNICARNOS SOBRE NUESTRAS NECESIDADES Y DESEOS SEXUALES Y CÓMO EXPLORAR Y DISFRUTAR DE NUESTRA SEXUALIDAD DE MANERA SEGURA Y RESPETUOSA.

La sexualidad es una parte importante de las relaciones amorosas y es fundamental para la conexión emocional y física entre las parejas. A menudo, la comunicación sobre nuestras necesidades y deseos sexuales puede ser difícil o incómoda, lo que puede llevar a malentendidos y conflictos en la relación. Por esta razón, es importante aprender a hablar abierta y honestamente sobre nuestra sexualidad.

Una forma de comenzar a hablar sobre nuestra sexualidad es establecer límites y expectativas claras en la relación. Es importante comunicar lo que nos hace sentir cómodos y lo que no, así como las expectativas en cuanto a la frecuencia y el tipo de actividad sexual. Si hay algún tipo de actividad que no queremos probar o nos hace sentir incómodos, es importante expresarlo de manera clara y respetuosa para evitar cualquier tipo de situación incómoda.

Otro aspecto importante de la sexualidad en el amor es la
exploración. Todos tenemos diferentes deseos y fantasías
sexuales, y es importante que nos sintamos libres para explorar y
disfrutar de nuestra sexualidad de manera segura y respetuosa.
Esto puede incluir la experimentación con diferentes posiciones
o juguetes sexuales, o incluso la práctica de diferentes
actividades sexuales como el BDSM. Sin embargo, es
importante que cualquier actividad sexual sea consensuada y que
se establezcan límites y expectativas claras antes de
experimentar.

Además de la comunicación y la exploración, es importante
practicar la seguridad sexual en cualquier actividad sexual. Esto
puede incluir el uso de condones o la discusión de las pruebas de
ETS y la protección contra el VIH. La seguridad sexual es una
parte importante de cualquier relación sexual y es importante
asegurarse de que todos los miembros de la pareja se sientan
cómodos y seguros.

En última instancia, la sexualidad en el amor se trata de la
conexión emocional y física entre las parejas. Es importante
aprender a comunicarse abiertamente sobre nuestras necesidades
y deseos sexuales, y a explorar nuestra sexualidad de manera
segura y respetuosa. Al hacerlo, podemos fortalecer la conexión

entre las parejas y mejorar la calidad de nuestras relaciones
amorosas.

LAS RELACIONES A LARGA DISTANCIA: CÓMO MANTENER UNA RELACIÓN AMOROSA SALUDABLE CUANDO ESTAMOS SEPARADOS FÍSICAMENTE Y CÓMO MANEJAR LOS DESAFÍOS DE LA DISTANCIA.

Las relaciones a larga distancia son un desafío para muchas parejas. La falta de contacto físico regular, la diferencia de horarios y la necesidad de confiar en la comunicación virtual puede generar estrés y ansiedad. Sin embargo, muchas personas han logrado mantener relaciones amorosas saludables y satisfactorias a pesar de la distancia.

Para mantener una relación a larga distancia saludable, es importante establecer expectativas claras y realistas desde el principio. Ambas partes deben estar de acuerdo en cómo se va a manejar la comunicación y la frecuencia de las visitas. Además, es importante mantener una comunicación abierta y honesta sobre los sentimientos y necesidades de cada persona en la relación.

La confianza es una parte vital de cualquier relación amorosa, pero es especialmente importante en una relación a larga distancia. Las parejas deben trabajar juntas para construir una base de confianza sólida y demostrar su compromiso mutuo. Esto puede incluir acordar límites claros y establecer

Mantener una relación a larga distancia también puede requerir un esfuerzo adicional para mantener la chispa y la intimidad emocional. Es importante encontrar maneras creativas de conectarse, como programar citas virtuales, enviar cartas o paquetes sorpresa y compartir actividades en línea.

A pesar de todos los desafíos, las relaciones a larga distancia pueden ser una oportunidad para fortalecer la conexión emocional entre las parejas. Al pasar más tiempo hablando y compartiendo sus vidas, las parejas pueden aprender más el uno del otro y profundizar su relación de manera significativa.

En última instancia, una relación a larga distancia saludable requiere compromiso, paciencia y comunicación efectiva. Aunque puede ser difícil en momentos, las parejas que logran mantener una relación amorosa sólida y satisfactoria a pesar de la distancia, pueden experimentar una mayor gratificación y apreciación en su relación una vez que finalmente estén juntos.

EL AMOR Y LA SALUD MENTAL: CÓMO LAS ENFERMEDADES MENTALES PUEDEN AFECTAR NUESTRAS RELACIONES AMOROSAS Y CÓMO PODEMOS APOYAR A NUESTRAS PAREJAS Y CUIDAR DE NOSOTROS MISMOS EN EL PROCESO.

El amor y la salud mental están estrechamente relacionados, ya que nuestras emociones y pensamientos influyen en la manera en que nos relacionamos con nuestras parejas. Cuando sufrimos de enfermedades mentales como ansiedad, depresión, trastornos de personalidad, entre otras, estas pueden afectar negativamente nuestras relaciones amorosas. La buena noticia es que existe una gran cantidad de herramientas y recursos que podemos utilizar para apoyar a nuestras parejas y cuidar de nosotros mismos en el proceso.

Una de las formas en que la enfermedad mental puede afectar nuestras relaciones es a través de la comunicación. Cuando estamos sufriendo, puede ser difícil expresar nuestros sentimientos de manera efectiva y también puede ser difícil comprender los sentimientos de nuestra pareja. Por lo tanto, es importante que trabajemos en nuestra comunicación y en aprender a escuchar y comprender los sentimientos de nuestra pareja, incluso si estamos lidiando con nuestra propia salud mental.

También es importante tener en cuenta que nuestras parejas pueden ser un gran apoyo en nuestro proceso de sanación. Cuando compartimos nuestra lucha con nuestra pareja, podemos sentirnos más comprendidos y apoyados. Sin embargo, es importante no depender completamente de nuestra pareja para nuestra sanación, ya que cada uno de nosotros es responsable de nuestro propio bienestar.

Otro aspecto importante es la educación. Es importante que nosotros y nuestras parejas tengamos una comprensión clara de lo que significa nuestra enfermedad mental y cómo afecta nuestras relaciones. Es importante buscar recursos y asesoramiento para entender mejor nuestra situación y cómo manejarla.

El auto-cuidado también es crucial en el proceso de sanación y en la construcción de relaciones amorosas saludables. Asegurarnos de tener una buena higiene del sueño, hacer ejercicio regularmente y tener hobbies y actividades que disfrutamos puede ayudarnos a manejar el estrés y mejorar nuestro estado de ánimo. Además, también es importante establecer límites claros y comunicar nuestras necesidades a nuestras parejas para que puedan ser respetadas.

En resumen, el amor y la salud mental están estrechamente relacionados. Cuando estamos lidiando con una enfermedad mental, puede ser difícil mantener relaciones amorosas saludables, pero hay muchas herramientas y recursos que podemos utilizar para apoyar a nuestras parejas y cuidar de nosotros mismos. La educación, la comunicación, el auto-cuidado y el establecimiento de límites claros son algunos de los aspectos más importantes que debemos considerar en el proceso de sanación y en la construcción de relaciones amorosas saludables. Recordemos que cada uno de nosotros es responsable de nuestro propio bienestar, y con la ayuda de nuestras parejas y recursos disponibles, podemos construir relaciones amorosas saludables y satisfactorias.

LA CONSTRUCCIÓN DE RELACIONES AMOROSAS A LARGO PLAZO: CÓMO MANTENER UNA RELACIÓN AMOROSA SALUDABLE Y SATISFACTORIA A LO LARGO DEL TIEMPO Y CÓMO TRABAJAR JUNTOS PARA CONSTRUIR UN FUTURO JUNTOS.

Las relaciones amorosas pueden ser una fuente de felicidad y satisfacción, pero también pueden ser un desafío. Mantener una relación amorosa saludable y satisfactoria a largo plazo requiere tiempo, esfuerzo y compromiso de ambas partes. En este sentido, es importante trabajar juntos para construir un futuro juntos.

Para mantener una relación amorosa a largo plazo, es necesario ser conscientes de que habrá altibajos y que las cosas no siempre serán fáciles. En momentos de tensión, es fundamental mantener la comunicación abierta y honesta para poder resolver los problemas juntos. Además, es importante establecer límites claros y respetarlos mutuamente.

Otro aspecto clave para mantener una relación amorosa saludable a largo plazo es tener intereses y actividades en común. Es importante hacer cosas juntos, pero también es saludable tener intereses y actividades individuales. De esta manera, cada uno puede tener su propio espacio y tiempo para hacer lo que le gusta, lo cual puede fortalecer la relación.

En una relación amorosa a largo plazo, también es importante expresar el amor y la gratitud de manera regular. Las pequeñas acciones, como un gesto amable o una palabra dulce, pueden hacer una gran diferencia en la relación. Además, es fundamental recordar por qué se enamoraron el uno del otro y mantener esa chispa viva.

Otro aspecto fundamental para construir una relación amorosa a largo plazo es trabajar juntos para establecer metas y objetivos compartidos. Es importante discutir temas importantes como la vida en pareja, el matrimonio, la familia y la carrera profesional. Al establecer objetivos compartidos, cada uno puede trabajar hacia un futuro juntos y hacer planes para alcanzarlos.

Por último, es fundamental mantener una actitud positiva y optimista en la relación. En lugar de enfocarse en las dificultades y los desafíos, es importante enfocarse en las cosas buenas y valorar lo que se tiene en la relación. También es importante recordar que la paciencia y la comprensión son clave para construir una relación amorosa a largo plazo.

En conclusión, construir una relación amorosa a largo plazo requiere tiempo, esfuerzo y compromiso. Es fundamental mantener la comunicación abierta y honesta, tener intereses y actividades en común, expresar el amor y la gratitud de manera regular, establecer metas y objetivos compartidos, mantener una actitud positiva y recordar por qué se enamoraron el uno del otro. Con trabajo duro y dedicación, es posible construir una relación amorosa saludable y satisfactoria a largo plazo.

CONCLUSIONES

En conclusión, el amor es uno de los temas más complejos y emocionantes que enfrentamos en nuestras vidas. Aprender a sobrevivir en el amor en pleno siglo 21 no es una tarea fácil, pero es fundamental para nuestra felicidad y bienestar. En esta obra hemos explorado diversos temas que nos permiten comprender y mejorar nuestras relaciones amorosas.

Desde el impacto de la tecnología en nuestras relaciones hasta la importancia del autocuidado, pasando por la identificación de relaciones tóxicas y la resolución de conflictos, hemos recorrido un camino lleno de aprendizajes valiosos. También hemos hablado sobre la importancia de desafiar los roles de género y de comprender las diferencias culturales en el amor.

Una de las claves para sobrevivir en el amor es la comunicación. Hemos aprendido que una buena comunicación es esencial para establecer relaciones saludables y duraderas. Además, debemos manejar nuestras emociones de manera efectiva y cultivar una autoestima sana para evitar caer en relaciones tóxicas.

El perdón también es un elemento importante en el amor. Aprender a perdonar a nosotros mismos y a nuestras parejas puede ayudarnos a sanar y fortalecer nuestras relaciones amorosas. Además, es importante establecer metas y objetivos compartidos en la relación y abordar temas como el matrimonio, la convivencia y la familia.

También hemos explorado temas relacionados con la sexualidad y las relaciones a larga distancia. Mantener una relación amorosa saludable cuando estamos separados físicamente puede ser un gran desafío, pero con la comunicación y el compromiso adecuados, es posible superarlos.

Por último, es importante destacar que el amor y la salud mental están intrínsecamente relacionados. Las enfermedades mentales pueden afectar nuestras relaciones amorosas, pero también podemos apoyar a nuestras parejas y cuidar de nosotros mismos en el proceso.

En resumen, para sobrevivir en el amor en pleno siglo 21, necesitamos trabajar en diversos aspectos de nuestra vida emocional y relacional. No hay fórmulas mágicas ni soluciones únicas, pero con compromiso, paciencia y amor, podemos construir relaciones amorosas saludables, duraderas y satisfactorias.

Queridos amigos,

El amor no es fácil, y aquellos de ustedes que están luchando para mantener sus relaciones amorosas vivas y saludables saben mejor que nadie lo difícil que puede ser. Pero también saben que el amor es algo hermoso, algo que vale la pena luchar por cada día.

Es natural tener altibajos en una relación, pero es importante recordar que cada crisis también representa una oportunidad para fortalecer su vínculo. A veces, el amor nos obliga a enfrentar nuestros miedos, nuestras inseguridades y nuestros errores. A veces, el amor nos exige que trabajemos duro para comunicarnos de manera efectiva, para aprender a perdonar y para cultivar la compasión y el respeto mutuos.

Pero, queridos amigos, todo ese trabajo vale la pena. Porque al final, cuando miren hacia atrás en sus vidas juntos, podrán sentirse orgullosos de todo lo que han superado juntos. Podrán mirar a su pareja y saber que, sin importar lo que haya pasado en el camino, ustedes dos han sido una fuente de amor y apoyo mutuo.

No hay garantías en el amor, pero hay algo que sí podemos garantizarles: si están dispuestos a trabajar juntos, si están dispuestos a luchar por su relación y a apoyarse mutuamente, entonces el amor siempre estará ahí para ustedes. Tal vez no siempre sea fácil, pero siempre será hermoso.

Así que, queridos amigos, sigan luchando. No se rindan nunca. Sigamos trabajando juntos para cultivar el amor en nuestras vidas y en el mundo que nos rodea. Porque al final, el amor es lo único que realmente importa. Y cuando nos aferramos a él con fuerza y determinación, podemos superar cualquier obstáculo que la vida nos presente.

Les deseo todo lo mejor en sus relaciones amorosas. Que el amor siempre los guíe y les brinde la fuerza y el coraje para superar cualquier desafío que se les presente.

Con amor y esperanza,

Eddy

LOVE

www.ingramcontent.com/pod-product-compliance
Lightning Source LLC
Chambersburg PA
CBHW021319160726
47994CB00004B/1520